ノブうどん帖

文とレシピ　一井伸行
絵　マメイケダ

はじめに

この本を手に取ってくださってありがとうございます。私はうどんを作るのが好きで、うどんを打ったりだしをとるワークショップを続けています。時々は、「うどん人物スケッチ」と称して友人や憧れの先輩のイメージに合わせてスケッチをするようにうどんを作って遊んだりもします。別にうどん屋を営んでいるわけではありません。高校3年生の頃に親父が突然脱サラをしてうどん屋になり、その店を手伝っているうちに習い覚えただけです。

うどん屋を継ぐことはなくサラリーマンの道を選んだのですが、ひょんなことから知り合いのギャラリーに人が集まるイベントをしてほしいと頼まれました。私には他にできることがないので、うどんを打ったりだしをとるワークショップをすることにしました。初めは、ほんのお手伝いのつもりだったのですが、やってみると楽しくて、気が付いたらもう十数年も続けています。うどんのおかげで、いろいろな人や場所に出会うことができました。

おととし、そろそろ人生の節目となる還暦を迎えるのだから、これまでに作ったうどんを記録に残したいと思い立ちました。そこで、うどんの絵をマメイケダさんという若い画家の友人に描いてもらうことに決め、これまでに作ってきたうどんを一つ一つ作って食べてもらいました。彼女がとても素敵な絵を描いてくれたので、その絵に、それぞれのうどんのモデルになってくださった方との思い出を文章にして添えた小冊子を作り、大阪、沖縄、京都と巡回原画展を開催しました。その展示でお客さまから「展示を見てて、このうどんが食べたくなったよ」と言われ、なるほどそうだなと思ったので、私のレシピ集も加えてあらためて1冊にまとめることにしました。

この本は3部構成になっていて、第1章ではうどんとの思い出を、第2章ではだしやうどんの基本的なレシピを、第3章では友人や先輩のイメージに合わせて考えたうどんの絵をまとめています。うどんのことばかり書かれたけったいな本で恐縮ですが、レシピぐらいはお役に立つかもしれません。ご笑覧ください。

一井 伸行

目次

SNOOPY

第①章『うどんと私』

私はごく普通のサラリーマン家庭に生まれましたが、ある日突然うどんを打ち、だしをとることになりました。今ではいろいろなところで、うどんやだしのワークショップを開催しています。この章では、そうなったいきさつや、ずっと続けている「ＮＯＢＵうどん」、「おだしのシアワセ」、「うどん夜話《やわ》」にまつわる思い出を書いています。

うどんとの出合い

今から40年以上前、私が高校3年生の時です。ある日、母がちょっと困った顔で話を切り出しました。


「伸行、お父ちゃん会社辞めるねん」

「ふーん、辞めんのん。ほんで?」

「それがな、うどん屋するねんて」

「うどん！うどん屋て、ほんまに?」

「えらいこっちゃろ～。そやけどお父ちゃん言い出したら聞けへんしなあ」

「え? ていうことはオレ、大学進学してもええのんか?」

「そんなんは心配せんでええ、お母ちゃんがちゃんとするから」


親父は若い頃、担ぎの呉服屋（自分の店舗を持たず、お得意先を回って商いをする呉服屋）だったおじいちゃんを手伝っていたと聞いたことがあって、なんとなく、いつかは商売を始めるのかもしれないと思っていました。だから、会社を辞めると聞いてもそんなに驚きませんでしたが、うどん屋と聞いてびっくりしました。なんでうどん屋? 特に好きでもなかったし、趣味でうどんを打っていたわけでもなかったのに。後から聞いたら、どんな商売でもよかったけど、日売りが立つ食べ物商売、それも「うどん」ならみんなが食べるから食いっぱぐれがないだろうと考えてのうどん屋だったそうです。

もちろん、うちの家族や親戚の誰にもうどんの製麺や調理経験はありません。親父は製麺機の会社に研修を受けに行って、一から製麺技術や調理、経営のノウハウを学び、うどん屋を始めました。粉から生地を仕上げるのは親父。延ばして切って調理をするのは、店員さんの求人に応募してくれた元トラック運転手のおじさんと大学生になったばかりの私。うどん打ちや調理の基本は親父が教えてくれましたが、ちゃんと勉強する間もなく開店。ほとんど見よう見まねでうどんを打ち、だしをとり、調理する怒濤の日々でした。親父がいた会社で働き続けている母も、仕事が終わったら駆け付けて、商品のおにぎりを握ったり、お揚げさんを炊いたりして店を手伝っていました。

親父が店を持ったのは大阪の関目。市内とはいえ、ターミナル駅から2駅離れた小さな街にある、こぢんまりとした商店街でした。その頃の商店街はまだまだ元気で、魚屋さん、豆腐屋さん、八百屋さん、漬物屋さんたちが軒を連ね、街の人たちの日々の暮らしを支えていました。みんないい人たちで新顔のうどん屋を快く迎えてくれましたが、買い物客のみなさんにとっては他所から来た新参者。うちにもお客さまとして来てくださるんだろうかと心配していました。しかし、大阪ではまだ珍しかった手打ちうどんのおいしさが評判をよんで、親父の店『うどん一番』は数カ月もたつとお客さままで賑わうようになり常連さんもできました。

「あんたとこのうどんうまいなあ、持って帰りたいんやけど」

と言ってくださるお客さまが多くて、店頭でうどん玉やきつねうどんや天ぷらうどんのパックを売っていました。

初めはオドオドしていた大学生の私も、毎日うどんを打ち、調理しているうちに少しは常連さんとも世間話ができるようになってきました。そんなある日。

「はあ、忙しかったあ。休憩、休憩」

嵐のように忙しいお昼時を乗り切り、持ち帰り商品を並べている店頭に出て一服していました。昼過ぎの商店街は人通りもまばらで、うどんを買いに立ち寄るお客さまもいません。その頃はお店も繁盛してきて、私と男性店員さんは調理で手一杯になり、配膳や洗い物、店頭販売はパートのおばさんにお願いしていました。

今日も戦争やったなあ。さっきまでバタバタしてたんが嘘みたいや。よし、一休みしたし、夕方の仕込みにもちょっと早いから、たまには売り子さんしてみよかな。パートのおばちゃんなんて言うたはったやろ、『はい、買うてや、買うてやー。うどん、おいしいでー』やったかな。よし、ほんならやってみよ。

「……」

いざ声を出すとなると、ちょっと緊張するなあ。商店街のど真ん中で大きい声出すの恥ずかしいし。けど、みんなやってんねんから。

「ひゃぃ、こうてや……」

あれ？　喉がひっついたみたいになって声出えへんやん。どうしたんやオレ。おかしいな。もういっぺんやってみよ。よし、背筋伸ばして。

「はい、買うてや、買うてやー。おいしいうどんやで……」

アカン、ほんまに声出えへん。

「にいちゃん、そんなちっこい声で言うても、

親父の店『うどん一番』（昭和53年頃）

なんも聞こえへんで！」

　あれー、向かいの漬物屋のおばちゃんに笑われてしもた。カッコわるうー。なんで声出えへんねん。何にビビッてるねん。あー、腹立つな。こんな商店街歩いてるおばはん連中と違うてオレなんか大学で難しい勉強してんのに。チクショウ、今度こそ。

「買うてや、買うてや……」

　ほんまにアカン、声出えへん。なんか通る人みんながオレのこと笑うてるみたいや。恥ずかしさのあまり厨房に逃げ込んで、その日は店頭に立てませんでした。生まれて初めて吹かれた世間の風、とでもいうのでしょうか。裸で人前に立っている気がしました。

　常連さんの魚屋のおっちゃんや漬物屋のおばちゃんたちは、初心な大学生にとっては最高の先生でした。新聞やテレビで見る「社会」しか知らない私は、大きな企業や官庁でカッコよく活躍するエリートが社会や国家を動かしていて、その人たちこそ偉いんだと思っていました。でも、いつもお昼にやって来て、

「にいちゃん、ヤングうどんしてんか。天ぷらもきつねも昆布も全部のったやつやで。ほんで、おにぎりは昆布と梅。2個やで2個」

　と注文してくれる魚屋のおっちゃんや、朗らかで冗談ばかり言っている向かいの漬物屋のおばちゃんが、毎日毎日、地味で手間のかかる下ごしらえを丁寧にしていたり、お客さん一人一人の家庭事情まで頭に入れて接客しているのを見ているうちに、はっきりと理解はできないものの、仕事をすることの意味のようなものを感じていました。知らない間に世の中の見え方も少しずつ変わっていったように思います。

　それから3年。私が大学の3回生になった頃、うどん屋はすっかり人気店になって支店までできていました。ある日、店が終わって帰り仕度をしていたら、親父に夜の心斎橋まで連れて行

かれて、シャッターが下りた貸倉庫の前に立たされました。

「ここ、アメリカ村いうて、サーファーの若い子らが集まるこれからの街らしいねん。どれくらい人が通るか見てみたいんや、ちょっと付き合うてくれ」

二人で立っていると夜の8時を過ぎてもけっこう若い人たちが通ります。

「こんな遅い時間でもけっこう通るなあ。お父ちゃん、ほんで、何考えてんのん?」

「うちのうどん、素うどんやったら120円や。そやろ。けどな、この間できた生パスタの店は1皿600円とか800円で商売してるらしいわ。同じ麺でやぞ。うちらかて、あんだけ手えかけてんのに120円や。お父ちゃん、うどん屋やめてパスタ屋になるわ」

「え! あれだけ苦労して、やっと支店までできたのに?」

思い立ったら止まらない親父はあっという間にうどん屋をたたみ、『メアリーポピンズ』というカジュアルなパスタとイタリア料理の店を始めました。開店して半年ぐらいは、大赤字の連続でしたが、親父の必死の頑張りで徐々に客足は増え、1年後には予約のとれない超人気店になっていきました。その頃、私は就活を始めたところで、店を継ぐかどうか迷っていました。食べ物商売に魅力はありましたが、まだ、それが自分のやりたい仕事だという自覚はなく、いろいろな可能性を試してみたいと思ってサラリーマンの道を選びました。

そのレストランはたくさんの人に10年以上愛され続けましたが、バブルの影響もあって借りていた建物での営業が難しくなってきました。そんなある日、またまた私は親父に呼び出されます。

「どないしたん?」

「伸行、お父ちゃん昔から考えてんねんけどな、第3次世界大戦はくるぞ」

「なんやねんな、何言い出すかと思うたら、第3次世界大戦かいな」

「そや、そのとき生き残るのは誰やと思う? 前の戦争の時、おじいちゃんが呉服屋さんやったうちの家は豆のカスとか芋のツルしか食べるもんがなかったんや。けどな、農家やったお母ちゃんの弁当には白いごはんと卵焼きまで入っててんぞ。そやからな、お父ちゃん白馬に引っ越して百姓になるわ。戦争になっても、おまえらみんなが食うに困らんようにしたるから安心せい」

てなわけで親父はレストランをたたんで長野県の白馬村に移住してしまいました。なんともすごい親父です。

それにしてもあのうどん、ほんとうにおいしかったなあ。

まだ本格的な手打ちうどんの店などあまり見かけなかった頃です。初めて自分で作った素うどん（関西ではかけうどんのことを素うどんといいます）を一口食べたときの驚きは今でもはっきり覚えています。打ちたて切りたてのうどんは、外周がふんわりやわらかく、でも中心部はコシがあってかみしめるほどに小麦のほのかな甘みを感じます。とりたてのだしはなんともいえない良い香りで、昆布の甘みと節類（かつお節だけでなく、さばやむろあじ、うるめいわし、めじかも使っていました）のうま味が口の中いっぱいに広がります。うどんって、だしってこんなにうまいもんなんかと思いました。60歳になった今も、うどんやだしのワークショップを続けているのは、たぶんその感動が忘れられないからです。

イトヘンとの出会い

　さて。サラリーマンになった私も、白馬で百姓になった親父も、自分たちが打っていたうどんのおいしさが忘れられず、親父はうどん屋時代に使っていた高価な製麺機を母に黙って買い込んで怒られたり、私も自分の楽しみとして友人の子どもたちと一緒にうどんを打ったりしていました。

　そんなある日、うちの奥さんの携帯電話に彼女の友人でデザイン専門学校の先生だった方から電話がかかってきました。

「おたくのご主人、そば打たはるんとちゃうかったかな。今、イトヘンやねんけど、ここでそば打ったり、なんか人が集まることしてほしいねん」

「え？　おそばは打たはれへんで。うどんやねんけど」

「あ、ごめんごめん、うどんでもええからご主人に頼んで」

　その元先生の教え子で、うちの奥さんも知っている青年が始めたギャラリー（イトヘン）を応援したいので、何か食べるもので人が集まるようなことをしてほしいという依頼でした。彼もデザイン専門学校の先生をしていましたが才能のある教え子たちが卒業後、絵やアートワークから遠ざかってしまうのをとても残念に思っていました。アメリカの美術館を訪ねた時、子どもからおじいちゃんおばあちゃんまでが絵や作品とごく自然に触れ合っているのを見て、自分がそんな場所を作れば教え子たちが制作を続ける助けになると思い、意を決して学校を辞め、ギャラリーを立ち上げたのです。日々の暮らしの中で絵やアートを楽しむ新しい場所を作るんだという意気込みはあったものの、お店の場所が駅から少し遠く、たくさんのお客さまに足を運んでいただくのは簡単ではなかったようです。私もうちの奥さんに引っ張られてそのギャラリーのオープニングパーティーに行きましたが、洋書や美術書がディスプレイされたカッコいい空間や自由奔放なファッションのアーティストたちに囲まれて身の置き所がなく、早く終われと念じつつ会場の隅っこで時間をつぶしていました。それから半年、そんなことなどすっかり忘れていました。

その青年とは親しく話したことがなかったし、アートとも縁遠く、うどんを打つぐらいしか能がないから、とりあえず奥さんの友人への義理を果たすつもりでそのギャラリーを訪ねました。それが、イトヘンの鯵坂さんとの出会いでした。

「こんにちは。あのー、Hさんから頼まれて来たんやけど」

「はい、ありがとうございます」

「うどんで何かしたいって聞いたけど」

「……」

鯵坂さんはうつむいたまま顔を上げません。

「オレ、友達の子どもらとうどん作ったりはするけど、本格的にやったことないしな」

「……」

「どんなこと考えてんのん?」

「……」

こらアカン。会話になれへん。なんちゅう失礼なやっちゃ。もう帰ろ。

「ま、なんか考えがまとまったら、また連絡して。これ、オレのうどんとめんつゆや」

「すみません……」

頼まれたから行ったのに、あんな態度はないやろ。まあ、義理は果たしたからええけど。もう声はかけてきよれへんやろ。

と思っていたところ、翌朝、電話がかかってきました。
「昨日はありがとうございました。うどん教室、お願いできたらと思います」
え、なんでや？　やらないものと思っていたので意表を突かれてしまい、
「あ、そう。ほな、また打ち合わせに行くわ」
と、なんとなく承諾した感じになってしまいました。

何年もたってから、たまたま彼のブログを見ていたらその時のことを、こう書いていました。

——集客に行き詰まって困っていたら、ギャラリーを始める時に背中を押してくれた先生から「うどん教室」の人を紹介するからと言われた。しかも、オープニングパーティーで気難しい顔をしてた、最も苦手なタイプ（バリバリのサラリーマン）のおじさん。ほんとうに困った。アートを楽しむ空間でうどんを打つなんて。店を訪ねて来てくださったけど、まともに返事もできなかった。渡されたうどんとめんつゆも、こんな素人が作ったものとその辺に放っておいた。夜中になって腹が減って食べるものを探したが何もなく、ふと思い出して、そのうどんをゆでて食べてみたらびっくりするくらいおいしくて、これはやる価値がある、と思って翌朝電話した。

それを読んで
「ほんまか！　そんなに嫌やったんか！」
と叫んでしまいました。

承諾はしたものの自信も経験もありません。何から手をつければいいのかも分かりません。しょうがない、とにかく徹底して試行錯誤してやろうと思いました。子どもでも楽しめるように、うどん作りの説明ボードを若い絵本作家さんに描いてもらったり、生地を寝かせる間に和

菓子を作っていただけるよう知り合いのパティシエの方にサポートを頼んだり、ワークショップの写真を撮ってその日一番の笑顔をお礼のポストカードにして送ることにしたり、自転車に乗ってフライヤーを置いてもらうのに走り回ったり。鯵坂さんをはじめ、ギャラリーのスタッフみんなが頑張ってくれました。

私はサラリーマンです。会社では仕組みの中で与えられた役割を誠実にこなすことで人の役に立っています。大きな会議で議論を交わしたり、たくさんの方の前でプレゼンをするのも平気です。でも会社の肩書や立場ではなく、自分の両手だけで向き合った初対面の人を喜ばせるというのは、ほんとうに怖かった。初めてのワークショップを終えた日、疲れ果てた私は、夕方の早い時間に帰宅し、そのまま寝込んでしまいました。翌日、参加してくださったみなさんからのメールを読んで、自分一人でも人さまのためにできることがあるんだと実感し、うれしくて震えました。その時から、うどんのワークショップ「NOBUうどん」が始まりました。

イトヘン

イトヘンでの NOBUうどんワークショップ

ワークショップあれこれ

《NOBUうどんが教えてくれたこと》

就職以来、ガチガチの会社人間として過ごしていた私は、いつの間にかずいぶん狭い世界に閉じこもっていたように思います。そんな私にNOBUうどんは、たくさんの出会いをもたらしてくれました。

フライヤーやウェブの告知を見て参加してくださるのは、初めてお目にかかる方がほとんどです。さまざまな年齢、いろいろなお仕事の方。ほんとうにたくさんの方と一緒にうどんを打ち、和菓子を作ってきましたし、イトヘンで展示をされるたくさんの作家さんとも親しくなりました。また、鯵坂さんからのご縁で、出張ワークショップにも出かけました。星ヶ丘、伊賀、甲賀、京丹波、和歌山、神戸、三重、葉山、逗子、鎌倉。NOBUうどんは麺台や麺切り包丁といった大きな荷物が多くて、準備や移動、後片付けは気が遠くなりそうな大仕事です。いろいろ準備をすると交通費さえ賄えないことも多いのですが、時々はそんな苦労を忘れさせてくれる特別な出会いやご褒美のような出来事もあります。

あれは出張ワークショップでのこと。いつもワークショップの日はワクワクして、ずいぶん早く現場に着いてしまいます。その日も会場の設営を終え、早く誰か来ないかなあと玄関からのぞいていたら、ベビーカーを押したお母さんが近づいて来られました。あれ？ 今日は赤ちゃん連れの方はいらっしゃらないはずなのに。

「こんにちは。ワークショップにご参加ですか」

挨拶するとベビーカーの中から幼稚園児ぐらいのかわいい女の子がほほ笑んでくれました。「はい、よろしくお願いします。うちの子は少し足が不自由で、この靴のまま会場に入らせていただいてもよろしいでしょうか」

「はいはい。どうぞどうぞ、大丈夫ですよ」
お母さんと手をつないで会場に入った女の子をスタッフのみんなが優しく迎えてくれました。何も伝えていなかったのに、ワークショップの間、お客さまたちもごく自然にそのお子さんをサポートしてくださって、楽しく一日を過ごすことができました。打ち上がったうどんをみんなで食べた時の彼女の笑顔のかわいかったこと。

その夜、イトヘン宛てにお母さんからメールが届きました。

「娘がほんとうに楽しそうにしているのを見て胸がいっぱいになり、写真を撮るのを忘れてしまいました。もし、どなたか写真を撮っておられたら送っていただけませんか」

あんなにかわいい笑顔でみんなを幸せにしてくださったんだからお礼をいうのはこちらの方ですよ、とイトヘンのスタッフが写真を送ったところ、またお母さんからメールが届きました。

「娘は少し足が不自由で、リハビリのために病院に行く以外、あまりお出かけをしたことがありませんでした。このワークショップが娘にとっては久しぶりのお出かけだったんです。保育園では毎週月曜の朝に、お休みはお母さんやお父さんと何をしましたかと聞かれるのですが、これまではなかなか手をあげられなかった娘が、今日は自分から『おうどん作った』と言えたそうです。ほんとうにありがとうございました」

いつも大きな荷物を運んで大変だけど、こんなことでも誰かの役に立つんやなとしみじみ幸せをかみしめました。

《うどん夜話とうどんスケッチ》

1回目のNOBUうどんを終えた時、
「いつかは星ヶ丘でやりたいですね。ぼくがここを始めるにあたって、とても刺激を受けた、ソーイングテーブルコーヒーという喫茶店があるんですよ。昭和の初めそのままの洋裁学校がありましてね、その一角にある農機具小屋で営業しているんです。こんなやり方もあったのかと思いました」

と鯵坂さんが言いました。

「星ヶ丘？ ふーん、いっぺんのぞいてみるわ」

そういったものにあまり詳しくはなかったのですが、とりあえず彼の言うことは素直に聞いてみようと決めていたので、翌週末に訪ねてみました。京阪星ヶ丘駅（大阪府）からのきつい坂を登り切ったところを左に折れて、建て込んだ住宅街の路地に入ると突き当たりに背の高い樹々に囲まれた木造校舎が忽然と現れました。なんやここは。門をくぐると庭（というよりむしろ草原）が広がり、そこに古びた納屋がありました。こんなところがお店？ 恐る恐る足を踏み入れてみると、訪ねたのが夕方だったので、窓から夕日が差し込み、時が止まったような店の中に金色の光の粒子がゆっくり舞っているかのようでした。洋裁学校のお下がりだと思われる古い木製の椅子に腰かけてコーヒーを飲みながら、土壁や土間の匂い、窓から見える草原の景色を楽しみました。子どもの頃に戻ったかのような懐かしくて切ない不思議な時間でした。

その星ヶ丘での出会いは、大げさですが私の人生を大きく変えてくれました。ソーイングテーブルコーヒーには星ヶ丘洋裁学校の生徒さんたちだけでなく、いろいろな人が集います。畑のおばあちゃん、服を縫う人、歌を歌う人、子育てに忙しいお母さん、絵を描く人。みんなそれぞれの暮らしがあって、悩んだり困ったりしながらも元気に頑張っています。そんな人たちとコーヒーを飲んだりお話をしたりするうちに世の中にはいろいろな考えの人がいて、大切なことだっていろいろあるのだと理解できるようになってきました。

星ヶ丘には肩書がなくても、有名人でなくても、魅力的な人がたくさんいます。

「普段はゆっくりお話できないから、ちゃんと時間を作ってお話を聞いてみたいもんやなあ」

店主の玉井夫妻とのそんな会話から、自分たちが素敵だと思う人を招いてお話を伺う「うどん夜話」というイベントを始めました。自分が育てている野菜をお店に届けてくれるおばあちゃん、心臓の病気を抱えながら染色や刺し子の会を主催しているお母さん、月に一度、ワークショップのために葉山から来ていた美術作家の永井宏さん、星ヶ丘でウクレレ教室をしているレーレーさん、出版社を始めた青年。

いろいろな方をゲストに招いてきましたが、一緒に過ごす特別な時間のために、その方のイメージでうどんを作って、それをみんなで食べながらお話を伺うことにしました。昔から趣味でやっていたうどん人物スケッチが役に立ちました。

《おだしのシアワセ》

最近「NOBUうどん」以外に、「おだしのシアワセ」という、だしやスープをみんなで作るワークショップをしています。きっかけは同じマンションに住む姪っ子・甥っ子の同時入院でした。幼い2人が同時に病気になってしまい入院することになりました。義妹は、家と病院を行ったり来たりしながら子どもたちの看病をし、家事や会社の仕事も抱えていて、気力で持ちこたえていたものの、ほんとうに疲れ果てていました。大丈夫かと聞いても

「うん、なんとか大丈夫」

と無理に笑う義妹を見て、このままでは彼女まで倒れてしまうと思いました。そこで、看病

をしながらでも簡単に食べられるように、まずは、いつも作っている清湯《ちんたん》スープに豆腐や野菜などを加えたものを届けました。食欲はなくてもそのスープは喉を通ったようで、とても喜んでくれました。少し元気が出たら次は昆布とかつお節のだしで作ったキャベツと厚揚げの和風カレー。疲れていて脂っこいものが食べられない義妹や食が細い姪っ子や甥っ子もたくさん食べてくれました。それ以来、時間ができたらスープやカレーなどを作っては仕事が忙しいとき用のストックとして届けています。

「おばちゃ〜ん！」

遊びにくると、私には目もくれず、まずうちの奥さんを探す姪っ子や甥っ子ですが、ごはんのときだけはよく言うことを聞いてくれます。最近はうどんやカレーを食べさせると、すごい勢いで口いっぱいに頬張ってニコニコしてくれます。それが幼い彼らなりの「おいしく作ってくれてありがとう」のメッセージなのでしょう。

人間の感覚は思っているよりずっと敏感で、自分の体を作ってくれるものをちゃんと見分け、それをおいしいと感じるようです。昆布やかつお節でだしをとっているとき、鶏や野菜でスープを作っているとき、味見をするたびにおいしくてため息が出ます。体の芯にしみ込んでいくように思えます。それなら、その作り方をみなさんにご紹介して、おうちでも作れるように持ち帰りの材料セットを用意したら喜んでもらえるかもしれない。そう思って始めたのが「おだしのシアワセ」です。始める前は、昆布やかつお節でだしをとるようなことがワークショップとして成立するんだろうかと心配しましたが、一晩水につけておいた昆布のうま味、それを火にかけて煮出していくうちにどんどんおいしくなっていく様子、さらにかつお節と出会ったときに起きる劇的な変化、それぞれが面白くて、毎回みなさんと一緒に盛り上がっています。昆布にしても、かつお節にしても普段から当たり前に使う食材なのに、こんなにおいしいと思わなかったと、よくおっしゃいます。分量や時間さえ気を付けると誰でも失敗なくおいしく作れるので昆布やかつお節はありがたい食材です。ちょっとぜいたくなだしがとれたらみんなでお昼の賄いを作ります。ふわふわの卵とじうどんを作ったり、トマトつゆからトマトカレーうどんを作ったり、鶏と昆布でとった清湯スープで季節野菜のスープごはんを作ったり。楽しくておいしい特別な時間です。用意した材料を持ち帰ってご家族やお友達のためにうどんやスープを作り、とても喜ばれたと聞くとほんとうにうれしいです。

京丹波町（京都府）でのワークショップ

南山城村（京都府）でのワークショップ

星ヶ丘（大阪府）でのうどん夜話

第②章『おだしのシアワセ　レシピ』

私のワークショップ“おだしのシアワセ”ではみんなで昆布や節類の勉強をしながらおいしいつゆやスープを作ります。昆布や節類・干ししいたけのだしで「つけつゆ」や「かけつゆ」を作ったり、「トマトつゆ」でトマトカレーうどんやぶっかけそうめんを作ったり。鶏ひき肉と昆布で「清湯スープ」も作ります。ごく普通のレシピばかりですが、ほんとうにおいしくて役に立ってくれます。私はつゆやスープを作るときは多めに作って冷凍しています。仕事で疲れてごはんを作るのが面倒なとき、ストックを解凍するだけでとびきりおいしいうどんやスープを食べられるのは助かります。きちんととっただしやスープを使って料理を作ると子どもたちの食いつきも違ってきます。普段は相手にしてくれない姪っ子や甥っ子もごはんを作るときのノブさんの言うことだけはよく聞いてくれます。

このレシピ集について

◆言葉だけでは伝わりにくいと思い、調理する上で大事な箇所には写真を入れました。カエシと基本のだしは全てのレシピに共通するので最初に書いています。各レシピでは省略していますので、“**つけつゆ用カエシ**”や“**かけつゆ用カエシ**”が出てきたら、元に戻って参照してください。

◆計量の単位は **小さじ1＝5cc、大さじ1＝15cc、1カップ＝200cc**。いずれもすりきりで量ります。

◆1人分の目安　少し多めですが、**つけつゆ＝250㎖、かけつゆ＝400㎖**としています。

◆この本のレシピと違う人数分で作るときは【材　料】の下にある量との比率計算で各材料を増やしたり減らしたりしてください。ただし、1人分、2人分のように少ない量で作るときは昆布やかつお節が水を吸うので、水は2～3割多めにしてください。

*

うどんとだしをおいしく作る知恵

◆一度に作る量は多めにして、冷凍保存されることをおすすめしています。同じ手間をかけるならたくさん作って冷凍しておけば、いざというときに助かります。

◆私は濃口しょうゆなら島根の井上醤油、滋賀の丸中醤油、薄口しょうゆは小豆島の丸島醤油をよく使います。みりんは岐阜 白扇酒造の福来純。他のメーカーでも良いものがありますから、いろいろ試してみてください。

◆カエシは、冷蔵で数カ月、冷凍すれば半年以上使えます。私は冷蔵庫に常備していて、ある程度減ったら新しいのを継ぎ足しています。だしやつゆは香りが弱くなるので冷蔵では1～2日、冷凍で1～2カ月を目安にしています。ただし、どちらも密閉できる容器に入れてください。

カエシとだし

カエシ

うどんやそばのつゆ、お吸い物、煮物などの味付けのベースになるものが『カエシ』です。

「煮返し」が語源で、しょうゆ、みりん、酒などを合わせて火を入れ寝かせたものです。

作ってすぐにでも使えますが冷蔵保存して1週間目くらいから角がとれてぐっとおいしくなります（密閉容器なら冷蔵庫で2〜3カ月は保存できます）。

カエシは時間がおいしくしてくれます。私は冷蔵庫に常備していて、ある程度減ったら新しく作って足しています。

つけつゆ用カエシとかけつゆ用カエシ

私はつけつゆ用とかけつゆ用のカエシを使い分けています。

『つけつゆ用カエシ』

つけつゆはカエシで味を決めるので塩などは使いません。ずいぶん昔、大阪の難波にあった割烹のつゆがおいしくて、ご主人に教えを乞うたことがありました。そのときに教えていただいたのが「辛いと甘いは1対1」。つけつゆ用カエシのレシピはいろいろありますが、私はシンプルにしょうゆとみりんを1対1に合わせたものを使っています。

『かけつゆ用カエシ』

関西のかけつゆは塩で味を決めます。カエシの役目はうま味と香り。薄口しょうゆ、みりん、酒を1対1対1で合わせます。つけつゆのカエシに比べると塩気はかなり弱いですが味は濃いので、使いすぎるとだしの風味が損なわれます。

『つけつゆ用カエシ』

材　料　（550㎖／つけつゆ約８人分）

※出来上がりの量は多いですが、保存がきき、肉じゃがやしょうが焼きなどにも使えるのでぜひ作り置きを。

◉濃口しょうゆ⇒300㎖

◉みりん⇒300㎖

1　：　1

調　理

1　濃口しょうゆとみりんを合わせて、弱火にかける。
白い小さな泡がたくさん出てくるのを待って、少し沸き始めたら火を止める。

2　そのまま冷まして保存容器に移し、冷蔵庫へ。
※出来上がってすぐは舌を刺すが時間とともになくなるので気にせず寝かせる。
※密閉容器で冷蔵２～３カ月。

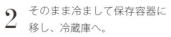

『かけつゆ用カエシ』

材　料　（500㎖／かけつゆ約25人分）

※出来上がりの量は多いですが、保存がきき、お吸い物や煮物にも使えるので、ぜひ作り置きを。

◉薄口しょうゆ⇒180㎖

◉みりん⇒180㎖

◉酒⇒180㎖

1　：　1　：　1

調　理

1　薄口しょうゆ、みりん、酒を合わせて、弱火にかける。
白い小さな泡が出てきて少し沸き始めたら火を止める。
※つけつゆ用カエシほど泡は出ない。

2　そのまま冷まして保存容器に移し、冷蔵庫へ。
※つけつゆ用カエシと同様、出来上がってすぐは舌を刺すが時間とともになくなるので気にせず寝かせる。
※密閉容器で冷蔵2～3カ月。

基本のだし

これは良い昆布と節類をたっぷり使った特別なだしのとり方です。

少し手間はかかりますが目が覚めるほどおいしいだしがとれます。使う材料が多くて驚かれると思いますが、それほどぜいたくではありません。専門店で良いものを買い求めても、およそ1人分が140円くらいです。二番だしもとれます。おいしいだしは料理だけではなく心まで穏やかにしてくれるので一度お試しください。

※昆布や節類の価格は2018年10月現在のものです。

材　料　（かけつゆ２人分 800mℓ ＋ 冷凍用 800mℓ ）

※だしは冷凍保存しておくと、みそ汁や他の料理にも使えて便利です。

◉ 水・・・2,200mℓ
◉ 真昆布・・・20g
◉ 節類・・・80g
◉ 干ししいたけ・・・小１個

◉良い昆布は幅広、肉厚で濃い緑褐色。

◉私は混合節 40g とめじか節 40g を合わせて使っているが１種類でもよく、他の節でも良い。
◉節類は空気が入らないようにして冷蔵庫で保管。

※昆布は厚みのある真昆布がおいしくて使いやすいです。大阪の空堀商店街にある昆布の土居さんが良い真昆布を扱っておられます。（P75 参照）

※さば、むろあじ、うるめいわしなどの混合節とかつお節やめじか節を組み合わせるとおいしいです。空堀の丸与さんの店頭や通販サイトで良い混合節が買えます。（P73 参照）
※干ししいたけは強いもの同士をつないでくれます。ただし香りが強いので控えめに。

調　理

1　昆布と干ししいたけを布巾などで軽く拭いて鍋に入れ、一晩水につける。
※夏は冷蔵庫の野菜室で。

◉ 60℃の鍋の状態

2　鍋にふたをしないで中火にかける。水面に小さな気泡がたくさん出て、水が対流し始めたらごく弱火にする。
※ぬめりや臭みを出さずにだしをとるには 60 ～ 70℃でゆっくり火を入れるのがコツ。最低でも 30 分。時間は昆布の厚みによって調整。

3　時々、昆布を裏返し、十分うま味が出たら、昆布と干ししいたけを引き上げて強火にする。
※ぬめりやあくは気になればあくとりですくう。放っておいても後で節類が絡め取ってくれる。

◉ 85℃の鍋の状態

4　白い泡が忙しく対流し始めたら（85℃ぐらい）節類を一気に入れる。沸騰しないように 3 ～ 5 分煮出してから味見をする。おいしいと思ったら火を止める。

5 他の鍋（または大きめのボウル）にザルをのせ、クッキングペーパーをセットして少しずつこす。
※だしをとった後の昆布と節類に水を注いで加熱し、仕上げに節類を足すとおいしい二番だしがとれる。みそ汁や煮物によい。
※冷凍保存分はフリーザーバッグなどに入れて冷凍庫に。少量ずつ使う場合は小分けにしておくと便利。

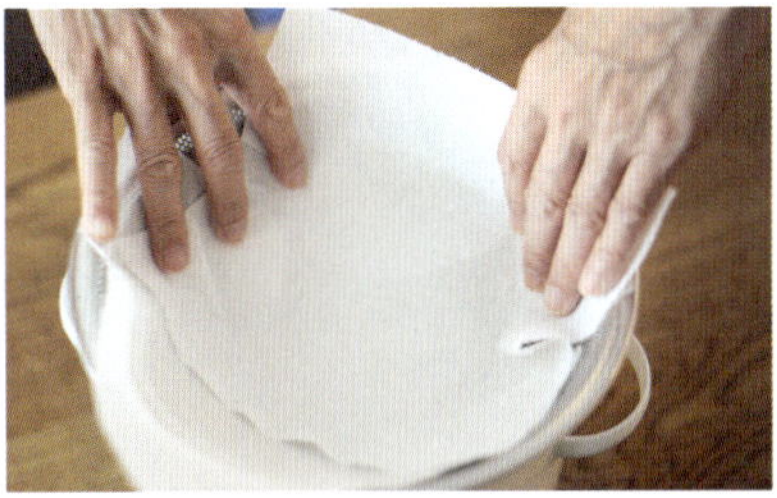

覚書

だしをとるということは、その食材の中にある「おいしさ」を取り出すことだと思います。そのためには加熱して材料を少し壊し、中のおいしさが外に出ていくすき間を開けてやる必要があります。素材に応じて加熱温度や時間を工夫し、「おいしさ」だけをうまく取り出してください。昆布も70℃以上だとネバネバや臭みが出てしまいますし、節類も長く煮すぎるとえぐみや渋みが出ます。

つけつゆ

基本のつけつゆ

先ほどの割烹のご主人に教わったことがもう一つ。「私のつけつゆはカエシが3割です。味付けは迷わないこと。迷って足したり引いたりすると分からなくなります」。

それからいろいろ試しましたが、私の基本もカエシが3割になりました。ただし、カエシは寝かせていると濃くなるし、同じようにとってもだしが濃いときも薄いときもあるので、そこは調整します。

材　料（2人分）

- ◉ 基本のだし・・・350mℓ
- ◉ つけつゆ用カエシ・・・150mℓ

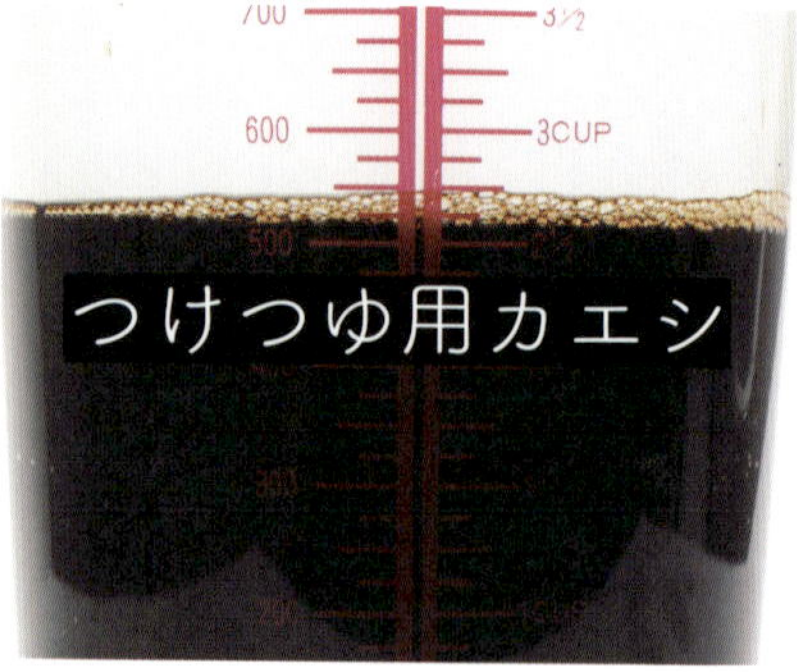

7　：　3

調　理

1 だしがとれたら火を止めて、まずはカエシを分量の７割ぐらい入れ、味見をする。味が濃くなりすぎないよう気を付けながら少しずつ足して、これでいいと思ったところでやめる。

2 つゆを鍋ごと水を入れたバットに入れ、流水などで冷やして、もう一度味見をする。薄ければカエシを足す。

覚書

人間が感じる塩味は単純に塩分濃度だけではありません。温度や香り、うま味の強さによって感じ方はずいぶん違います。温度が低いと塩味を強く感じ、うま味が強いと塩分控えめでも食べ飽きません。私はなるべく食べる温度で味を決めるようにしています。

ごまつゆ

おいしいつけつゆが作れたら、一手間かけてごまつゆも作ってみてください。いろいろな野菜やきのこ、豚肉をゆでて、ごまつゆでうどんと一緒に食べるとおいしいです。ごまとみそでクリーミーなコクが出て食べ応えがあります。コツはカエシをきかせてうどんや野菜の水気に負けないようにすること。しっかりとした甘辛さがないと、つけつゆは食べ飽きます。

材　料　（2人分）

◉ 基本のつけつゆ・・・約300㎖
◉ すりごま・・・大さじ1

材料A
◆ つけつゆ用カエシ 大さじ1
◆ ねりごま（白）大さじ1と½
◆ 白みそ 各 大さじ1と½
◆ 赤みそ 大さじ½
◆ マヨネーズ 大さじ1と½
◆ りんごのしぼり汁 大さじ1
（100%果汁のりんごジュースでも可）

調　理

1 材料Aを合わせる。
※ねりごまは油が分離しているので、先によく混ぜておく。
※赤みそが固ければ、先にりんごのしぼり汁でゆるめておく。

2 **1**に基本のつけつゆを加えて泡立て器で混ぜる。

3 しっかり混ざったら味見をして、はっきり甘辛さを感じるまでカエシを足す（分量外：うどんの水気に負けない甘辛さにする）。仕上げにすりごまを加える。

かけつゆ

基本のかけつゆ

関西風かけつゆは昆布と節類の風味を楽しむので味は塩で決めます。私はだし1000㎖に小さじ1の塩とカエシ50㎖を基本にしています。これで塩分は約0.8%になります。一般的なかけつゆの塩分濃度は1.0%前後なので、0.8%ではお吸い物程度の濃さです。水洗いしたうどんの水分でつゆが薄まるので味を見ながら塩やカエシを少しずつ足し、少し濃いめに調味します。

基本のだし　　塩　　かけつゆ用カエシ

材　料（2人分）

- 基本のだし・・・800㎖
- 塩・・・小さじ1弱
- かけつゆ用カエシ・・・40㎖

調　理

1　だしがとれたら火を止めて（冷蔵していた場合は温め直して）塩小さじ１弱を入れて味を見る。味を確かめながら塩を少しずつ足して、これでいいと思ったところでカエシを加える。カエシも味を見ながら。
※何度か作ってみて、うどんに仕立てたときの味の薄まり加減を覚える。少し味が濃すぎるぐらいでよい。

あんかけ

冬の寒い日にはおろししょうがをたっぷりのせたあんかけうどん。心まで温まります。薄揚げを入れた『京都風たぬき』仕立てや、溶き卵を加えた『けいらん』も冬の日のごちそうです。簡単そうに見えて案外難しいのがあんかけのとろみ具合。物足りなかったり、様子を見ているうちにとろみが強くなりすぎることがよくあります。私はこのレシピの分量を基本にしています。

材　料（2人分）

- ◉ 基本のかけつゆ・・・800㎖
- ◉ 片栗粉・・・大さじ1と½
- ◉ 水・・・大さじ1と½

調　理

1 片栗粉を同量の水で溶いておく。

2 鍋にかけつゆを入れて中火で沸騰させる。
※あくが出たらすくう。

3 菜箸でかけつゆを素早くかき混ぜながら少量ずつ片栗粉を溶いた水を流し込む。

4 好みのとろみがついたら火を小さくして1～2分加熱する。
※とろみが出てすぐ火を止めると粉っぽくなるので注意する。
※片栗粉のとろみは唾液で分解されるので味見は小皿に取って。

だしいろいろ

昆布の清湯

中華スープは毛湯《まおたん》、清湯《ちんたん》、上湯《しゃんたん》に分類されるそうです。鶏ガラや豚骨を煮出したものが毛湯。そこにひき肉を加えてこしたものが清湯。さらに生ハムなどでうま味と香りを足したのが上湯。

鶏ガラのうま味は主に骨や髄のグルタミン酸と、こびりついた肉のイノシン酸。それほど強いものではありません。そこにひき肉のうま味を加え、タンパク質の凝固作用で濁りを取るとおいしくて透明な清湯になります。

私は身近な食材で清湯を作りたいと思い、グルタミン酸が豊富な昆布に鶏ひき肉を加えて手軽な清湯スープを作っています。

材料（2人分 800mℓ ＋ 冷凍用 800mℓ）

- ◉ 水・・・2,400mℓ
- ◉ 鶏ひき肉・・・600g
- ◉ 真昆布・・・24g
- ◉ 干ししいたけ・・・1個
- ◉ しょうが・・・2～3片
- ◉ 香味野菜のヘタを少し（セロリや白ねぎの不要部分）

調　理

1 鍋に鶏ひき肉を入れ、少しずつ水を加えて木べらなどでひき肉のかたまりが残らないよう丁寧に溶き混ぜる。
※表面に浮いた脂身はあくとりで取り除く。

2 昆布、干ししいたけ、薄く切ったしょうが、香味野菜のヘタを加えて鍋を中火にかける（ふたはしない）。鍋底にひき肉が固まらないよう、時々大きくかき混ぜる。白濁していた水が煮立って透明になってきたら弱火にして、さらに 10 分ほど加熱して火を止める。

◉透明になった状態

3 他の鍋にザルをのせ、クッキングペーパーをセットして、少しずつこす。
※こしにくくなったらペーパーを交換し、ひき肉をお玉などで押してしぼってもよい。

覚書

追いがつおでうま味と香りを足して塩とかけつゆ用カエシで調味すれば『スープごはん』や『にゅうめん』にぴったりのごちそうスープになります。疲れた体と心にすっとしみわたるノブうどんの定番です。私は煮物やシチュー、カレーにも使います。いつもの料理が驚くほどおいしくなります。

トマトつゆ

割烹のご主人に教わったことがもう一つ。「お肉、お魚、野菜、おいしいものは、なんでもだしになります」。

トマトもそうです。果肉は真っ赤ですが、果汁は無色です。

驚くほどうま味が強くて良いだしになります。トマトには加熱調理用と生食用があって加熱調理用のトマトは火を入れると、きのこのうま味として知られるグアニル酸が増えて味が深まります（代表的なのはサンマルツァーノ種。スーパーで買えるのはカゴメのラウンドレッドなど）。昆布や節類、しょうゆとも相性が良いので和風の料理にも広く使えます。

材　料（2人分）

◉ 昆布だし・・・900㎖
（昆布だしは p42 **1 ～ 3** の手順でとります）
◉ トマト・・・120 g（小２個）
◉ 節類・・・30g
◉ 塩・・・小さじ１弱
◉ かけつゆ用カエシ・・・40㎖

調理

1 昆布だしを鍋に入れて中火にかけ、あくを取り、白い泡が忙しく対流し始めたら、くし切りにしたトマトを加える。

2 3分ほどでトマトが浮き上がってくるので味を見てうま味がしっかり出ていたらトマトを引き上げる。

◉トマトが浮いた状態

3 節類を入れて3～5分ぐらいで味見をする。他の鍋にザルをのせてクッキングペーパーをセットして、少しずつこす。

4 塩とかけつゆ用カエシで調味する。

◉出来上がり

覚書

うどんやそうめんのかけつゆとして使用してもいいし、そこにカレールーを入れ、片栗粉でとろみをつけてトマトカレーうどんにしてもおいしいです。だしをとった後のトマトは冷凍してカレーやパスタにも使えます。

うどんの脇役

お揚げさん

大阪の人はきつねうどんが好きです。ふっくらと炊いたお揚げさんをかみしめると甘辛い煮汁が口の中いっぱいに広がってなんとも幸せな気持ちになります。コツはしっかり時間をかけて炊くこと。油抜きをするのは味が入りやすくするためです。2回炊いて冷ますのは、冷めるときに味がしみ込んでいくからです。

材　料（8枚分）

◉ 薄揚げ・・・8枚（あまり大きくないもの）
◉ 基本のだし・・・600㎖
◉ だしをとった後の昆布と干ししいたけ
◉ 薄口しょうゆ・・・60㎖
◉ つけつゆ用カエシ・・・40㎖
（濃口しょうゆ 20㎖、みりん 20㎖でもよい）
◉ 砂糖・・・60g
※どんな砂糖でもよい。きび糖だと優しい味、中ザラ糖だとくっきりした味になる。

調　理

◉油抜き

1 薄揚げの油を抜く。鍋に水を入れ火にかけて沸騰したら薄揚げを入れ、アルミホイルで落としぶたをし、5分ほどゆでてザルで水切りし、ゆで湯をしっかり切る。

2 基本のだしと調味料を合わせる。よくかき混ぜて砂糖を溶かしておく。

3 基本のだしをとった後の昆布を鍋底に敷き、油抜きした薄揚げをその上に重ねる。2を注ぎ干ししいたけを加えてアルミホイルで落としぶたをする。

◉1回目炊き終わり

◉出来上がり

4 鍋を中火にかけて煮立ってきたら弱火にする。そのまま20分炊いて火を止め20分冷ます。もう一回同じ作業を繰り返し、最後は落としぶたを取って火を少し強め、煮汁が1/3ぐらいになるまで煮詰めて出来上がり。
※一緒に炊いた昆布や干ししいたけを食べてもおいしい。
※小さなフリーザーバッグに小分けにして冷凍する。保存は約1カ月。

炒り豆　だししょうゆ漬け

料理本が好きです。本屋さんで手に取ってピンと来たら買います。これまでにたくさんの料理研究家の方の本を手にしましたが、私の食生活を支えてくれているのはお二人。滝沢真理さんと高山なおみさん。滝沢さんのレシピは誰にでも簡単に作れてピシッとしたお味のものが多く、ほんとうにすごいと思います。このレシピも滝沢さんのものを下敷きにしてアレンジしています。素朴で安心できるおいしさ。受け継いでいきたいレシピだと思っています。冷蔵すれば1週間は保存できます。

材　料

- ◉ 大豆・・・１袋（約250ｇ）
- ◉ 基本のだし・・・200㎖
- ◉ 濃口しょうゆ・・・150㎖
- ◉ みりん・・・100㎖
- ◉ 赤唐辛子・・・１本

調　理

※漬け置き時間で、味の濃さを加減するのがコツ。私は６時間を目安にしています。

1　鍋に基本のだしを入れ調味料を加えてひと煮立ちさせ、火を止め赤唐辛子を入れておく。

2　大豆をさっと洗ってゴミを取り、キッチンペーパーなどで水分を取る。※あまり強く拭くと大豆の皮が破れてしまう。

3　フライパンを中火にかけて豆を入れ、炒る。絶えず木べらなどで転がす。

4　大豆の表面がひび割れてうっすら焼き目がついたら火を止めて１のだししょうゆ汁に漬ける。冷めたら保存容器に移す。６時間ほどたったら漬け汁を切る。一晩置いてからが食べ頃。

家庭でできるうどんの打ち方

うどんのおいしさと作りやすさは粉で決まります。手近な薄力粉と強力粉を同量に混ぜてもできますが専用の粉を使えば失敗なくおいしいうどんが打てます。私が使っているのは木下製粉さんの粉。いろいろなおいしい粉がありますが、その中で、経験がない方でもうまく打てるのは『讃岐すずらん』という銘柄です。

讃岐すずらん

オーストラリア産小麦メインのブレンドでおいしい小麦粉です。この粉でたくさんの方と一緒にうどんを打ちました。木下製粉さんでは『うどん粉お試しセット』として讃岐すずらん1kgと、さぬきの夢（香川県産小麦）1kgを詰め合わせた商品を通信販売されています。価格もお手頃なのでおすすめです。

さぬきの夢

【材 料】 打ち上がり350g（2人分）

◇中力粉＝250g（なるべくうどん用の小麦粉を）
◇水＝110㎖
◇塩＝12g（大さじ1弱）
◇打ち粉（コーンスターチか片栗粉）＝適量

【道 具】

◇なるべく大きいボウルか鍋
◇フリーザーバッグLサイズ
◇なるべく長めの麺棒（お菓子用でも可）
◇ゴミ袋（フリーザーバッグより大きいもの）

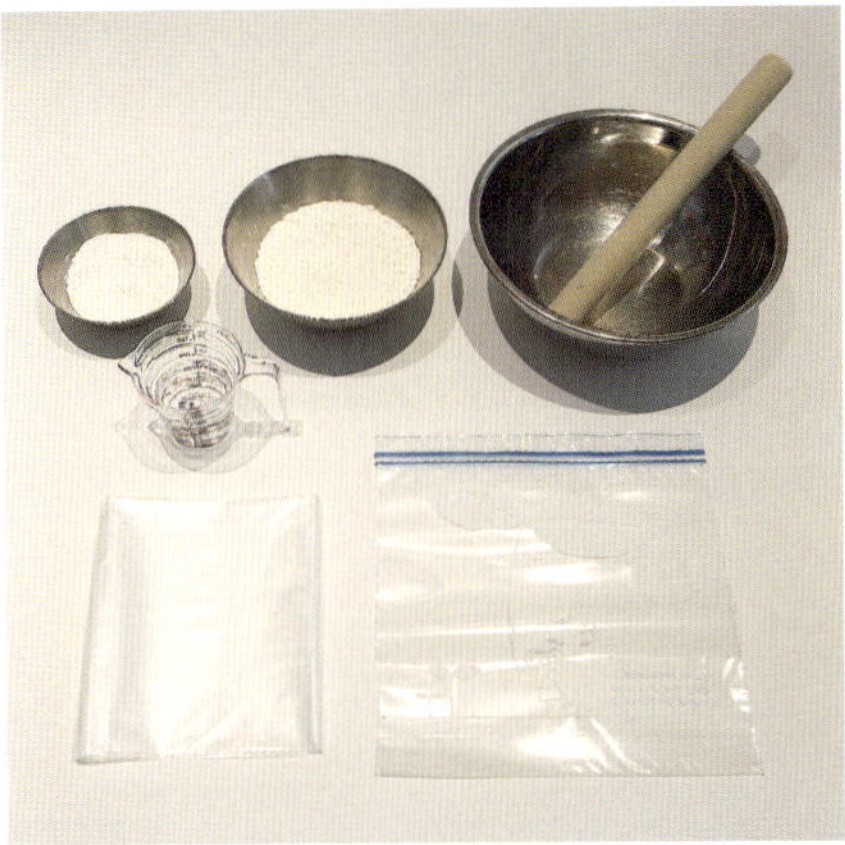

【打ち方】

粗踏み～仕上げ踏みは全て1枚のフリーザーバッグの中で行います。

・塩水準備・ 110㎖の水に12gの塩を溶かしておく。

・水回し・

1 ボウルに中力粉250gを入れて、平たく広げておく。

2 塩水の1/3ぐらいを粉全体に広がるように『の』の字に回しかける。

3 指を立て、粉を握りつぶさないよう注意して、塩水が多いところ、少ないところができないように均等に混ぜる。

4 2～3を3回繰り返す。塩水を含んだ粉がそぼろ状にまとまれば仕上がり。パサパサだったら少し水を振りかけ、ねっとりしていたら粉を足す。

5

手で粉を集め、上から手のひらで押さえて団子状にまとめる。少しずつ回しながら、左手で壁を作り、右手で押さえ込む。ボウルは固定せず自由に動くようにしておく。

6

ある程度形になったらフリーザーバッグに入れ、さらにゴミ袋をかぶせる。

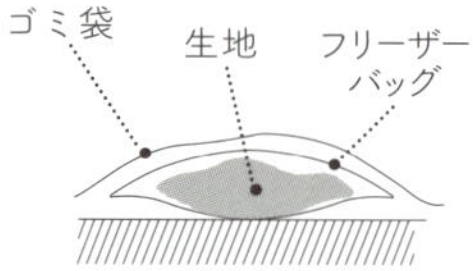

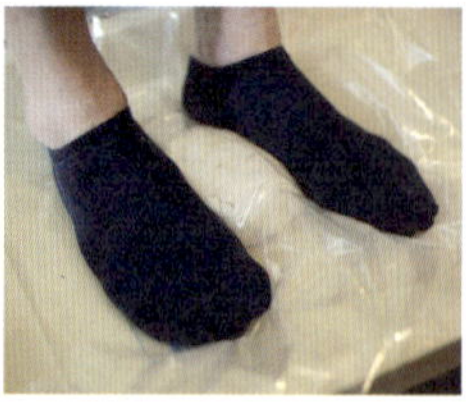

7

ゴミ袋の上から生地を踏む。まずは生地の外周部を1回りか2回り踏む。外周部が踏み固まったら中心部を踏む。

8

1㎝くらいの薄さになったら、フリーザーバッグから生地を取り出して3つ折りにし、両端を裏面に向かって折り曲げてブロック状にし、袋に戻す。

9

7～8をさらに2回繰り返す。その後、袋から出さずそのまま30分寝かせる。

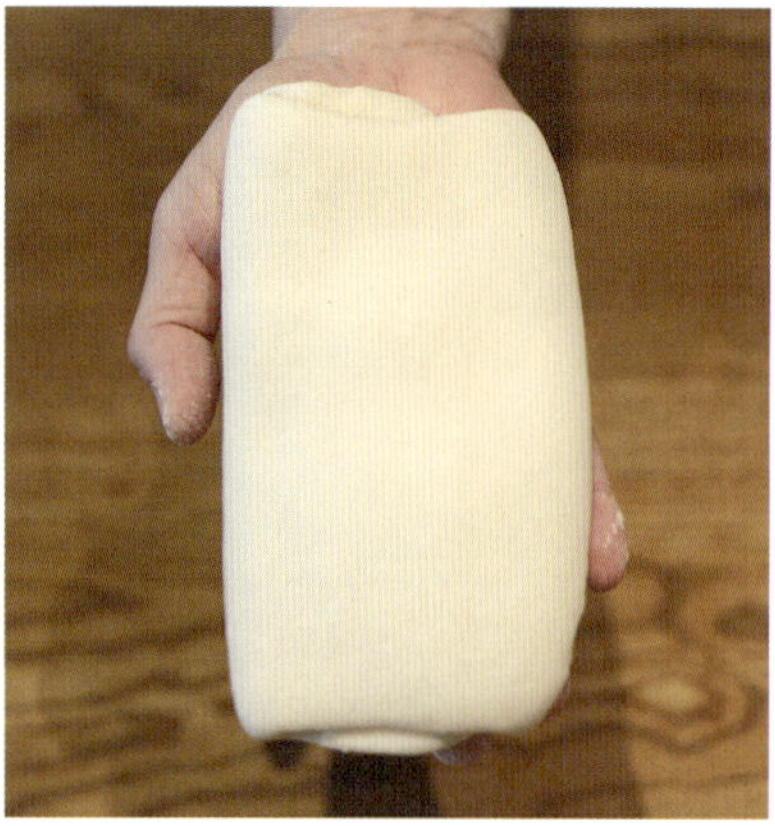

◆寝かせる前の状態

■仕上げ踏み■

粗踏みと同様7～8の作業を3回繰り返して、今度は生地がなるべく細長い楕円状になるように薄く踏み延ばす。そのまま袋から出さず、30分寝かせる。

■延ばし■

10

フリーザーバッグから生地を取り出し、打ち粉を薄く振ったテーブルに置く。生地にも打ち粉を振る。打ち粉がないと麺棒に生地がくっついてしまうので注意する。

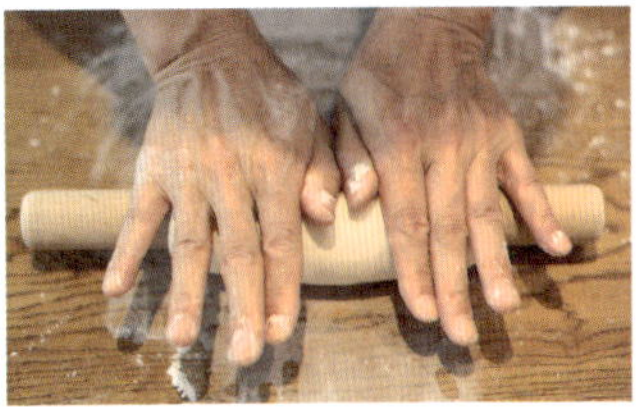

11

麺棒に生地をしっかり巻き付ける。手のひらを広げて両手で生地の真ん中部分を押さえ、前後にゆすりながら手を中心から左右に生地を広げていく。これを何度か繰り返す。

12

ある程度広がったら生地を麺棒から外して、90度回転させもう一度麺棒に巻き付ける。11を繰り返し、さらに薄く広がったらもう一度90度回転させ、延ばす。

13

12を繰り返し行い、生地の厚みが3～5㎜くらいになったらそこで延ばすのをやめる。

■麺切り■

14
生地にたっぷり打ち粉を振って、包丁の刃の長さに合わせて生地を折りたたむ。

15
包丁に手を添えて生地に触れないようにしながら、3～5㎜くらいの幅に切っていく。
※生地を押さえるとへこむので注意する。
※1回1回、確実に切り離すようにする。

■麺取り■

16
切り終わったら1本ずつ、手で切り離していく。切り離したうどんはやわらかいので優しく扱う。

17
麺全体に打ち粉を振った後、フリーザーバッグに入れて乾燥しないように冷蔵庫で保存する。冷蔵で1～2日、冷凍で1カ月程度保存できる。

NOBU うどんを始める時、子どもでも分かるようにと絵本作家のニキマユさんに描いてもらったうどんの作り方。それ以来ずっと使っています。

黒糖まんじゅう

うどんを寝かしている間に作る、ひと工夫

『イトヘン』でスタートさせる手打ちうどんのワークショップを企画していて、はたと気付きました。小麦粉からうどんを作る2時間ほどの作業の中で生地を寝かせる時間が1時間あります。これは手持ち無沙汰で困る。何をすればいいんだろう。いろいろ考えた結果、この時間を使ってうどんと相性の良い和菓子を作れたら、季節感も出るし、きっとみなさんも喜んでくださると思い立ちました。かといって和菓子職人に知り合いはいない。そうだ、洋菓子のパティシエの方なら和菓子も作れるかもしれないと思い、だめもとで行きつけのタルト屋さんに相談してみました。特に親しかったわけでもない方にいきなりそんなことで声をかけるなんて、今から考えると無茶なことです。「ワークショップって何ですか？」と、初めは困惑した様子でしたが、内容を説明するうちに「私でよければ、お手伝いしますよ」と快諾してくれました。それが、うどんと和菓子のワークショップ『NOBUうどん』の始まりでした。

【材料】 約12個分

◇粉末黒糖＝100g
◇水＝50㎖
◇薄力粉＝100g
◇重曹＝小さじ1
◇小豆あん＝300g（こしあんでも粒あんでもお好みのもの）

【調理】

準備⇩蒸し器にクッキングシートを敷いておく。

1 黒蜜を作ります。鍋に水、粉末黒糖を入れ中火にかけて沸騰させ、茶こしでこして常温で冷ましておく。（使用する量よりも少し多めにできる）

2 あんを12等分（一玉25g）にして丸める。

3

ボウルに①の黒蜜のうち100gを入れ、小さじ1の水で溶いた重曹を加えてよく混ぜる。ふるっておいた薄力粉も加え、ゴムべらで粉っぽさがなくなる程度にさっくり混ぜる。

4

ラップをして15分ほど生地を休ませる（夏は冷蔵庫で）。生地がしまって扱いやすくなる。

5

バットに手粉（分量外の薄力粉）を広げ、その上に生地を移し、生地の中に粉が入りすぎないように気を付けながら3～4回生地を折りたたむ。（表面についた粉をはたきながら）

6

生地を棒状にまとめ、12等分（1個15～18g）にする。

7

分割した生地を手のひらにのるくらいの円形に手で延ばし、あん玉をのせて包む。閉じめを底にして、丸く形作る。

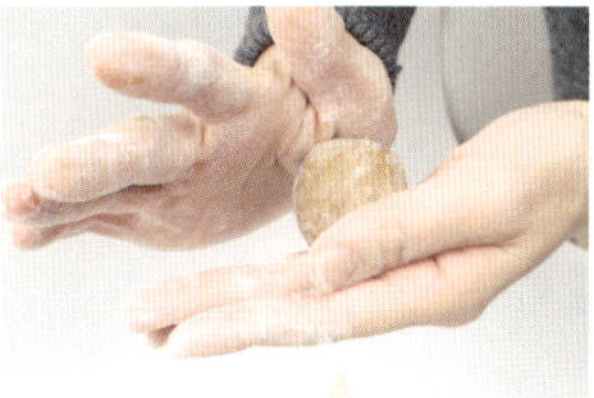

8

蒸気の上がった蒸し器に間隔をあけてまんじゅう（粉がついていたらはたいて取る）を並べる。霧吹きでまんべんなく水をかけ、ふたをして強火で12分ほど蒸す。

9

クッキングシートを敷いた網にのせて冷ます。まんじゅうを取り出すとき、手を水で濡らすと生地が手に付きにくい。

レシピ作成　藤澤咲子

うどんのゆで方

私は、よく人にうどんを差し上げます。ゆで時間をお伝えするのですが、うまくゆでてくださったかなと、いつも気にしています。あるとき「教えていただいた通りに10分ゆでたんですけど、どろどろになってうまくゆでられませんでした。6分ぐらいでよかったのでしょうか」と言われて、気が付きました。少ないお湯でうどんをゆでられたのだと思います。

うどんはお湯が少ないとうまくゆでられません。うどんをゆでるという作業は、加熱と同時に水分を生地に浸透させてでんぷんの糊化を促したり、生地中の塩分を吐き出させることが目的です。おいしく調理するにはうどんの8倍から10倍量のお湯が必要です。2人分300gだと3ℓのお湯を沸かせる直径22㎝以上の鍋を使います。たっぷりのぐらぐら沸いたお湯にうどんを入れてゆで（普通の太さなら10〜12分ぐらい）、少し食べてみて塩辛い生地の味が舌に残ったらまだです。それがなくなったところで火を止めます。

釜揚げ以外のうどんは、ゆでた後、必ず水洗いします。ゆで湯に溶け出した塩分やでんぷんのぬめりを洗い流してあげないとめんつゆが活きません。また、流水で急冷することによって麺の水分量の均一化を遅らせることができます。コシがあるとか、もっちりしているとかいうのは、★グルテンがうまく生成されていて、うどんの外周部と中心部の水分量に差がある状態のことです。ゆでたうどんは時間がたつと外周の水分が内部へと浸透して均一化され、歯応えに面白みがなくなります。

だしやスープのストックをまとめ作りするのにも活躍しますから、直径24㎝で6ℓ程度のお鍋が一つあると便利です。内側に表面加工をしてあるものが使いやすいと思います。

ザルうどんのように冷たくして食べるうどんなら、氷でしっかりとしめてよく水を切り、かけうどんのように温かいうどんなら、水洗いした麺に熱湯をかけて温めてください。

★グルテン＝小麦粉のタンパク質から生成される網の目状の組織のこと

節類の話

節類の起源ははるかインド洋のモルディブ島だといわれます。今日、私たちが使っている節は釣った魚をさばいて蒸して天日干しをした後、燻製し、枯節の場合はカビ付けをして水分を除去するという長い工程で作られます。だしをとるたびに、重ねられた誠実なお仕事とその製法を編み出した先人たちの創意工夫を思います。大切な食文化です。だしは家みたいだといつも思います。土台が昆布で混合節が柱や壁。干ししいたけや干しえびは内装で、かつお節やめじか節がその上にのった屋根です。土台が弱いとぐらぐらするし、柱がいい加減だと倒れてしまいます。どれが欠けても立派な家にはなりません。材料の種類や組み合わせを変えて自分好みの家を建ててみると楽しいです。節類はなるべく密閉して冷蔵庫で保存してください。数カ月はおいしくいただけます。

節類いろいろ

かつお節にはなじみがあると思いますが、それ以外にもたくさん種類があります。

「かつお節」

節類の中でも臭みや雑味が少なく使いやすい節です。最近はスーパーでも普通のかつお節以外に「本枯節」も見かけるようになりました。カビ付けをして長期熟成したもので香りも味も格別です。

「めじか節」

そうだがつおという魚の節です。そのまま食べると魚臭がありますが、美しい色のおいしいだしがとれます。親しみやすい味なので私はだしのベースにしています。めじか節と混合節を1対1で使っています。

「混合節」

さば、むろあじ、うるめいわしを干したものを削って混合したものです。うま味が強く安価なのですが、魚臭や雑味も強いので加熱時間に注意します。かつお節やめじか節と合わせると両方の良いところを活かせます。

「焼きあご」

五島列島の名産。焼いてあるので臭みが少なく骨太ですっきりしただしがとれます。つけつゆによく使っていましたが、最近は人気が出て手に入りにくくなりました。

<丸与　岡田商店さんのこと>

私が節類を買い求めるのは大阪の空堀商店街にある丸与さんです。創業240年の老舗かつお節店ですが敷居は高くありません。おいしい節類を手頃なお値段で商われています。店舗に伺うと優しい笑顔の女将さんたちが迎えてくださいます。通信販売も充実していて便利です。

■大阪市中央区谷町 6-17-17
■ 050-1096-5950
☞ http://www.maru-yo.co.jp

昆布の話

NOBUうどんを始めた頃、たまたま良いものに出合ったこともあって昆布は羅臼《らうす》と決めていました。ところが土居さんと出会って真昆布のおいしさと使いやすさを教えていただき、それからはずっと真昆布を使っています。節類と同じように昆布も種類によって個性があるので、料理の目的に応じて使い分けるのが良いと思います。

昆布いろいろ

だしをとる昆布は大きく分けて4種類あります。

［真昆布］

うま味が強くてくせのないおいしいだしがとれます。しっかりとした甘みがあるのが特長です。北海道南部から東北地方沿岸部で収穫されます。

［利尻昆布］

一般的に高級昆布として知られており、くせのない良いだしがとれます。大阪人からすると京料理で使う昆布のイメージ。北海道北部沿岸で多く収穫されます。

［羅臼昆布］

うま味や香りが強い昆布。その強さを活かせる濃い味の料理に向いています。知床半島で収穫されます。

［日高昆布］

柔らかくなりやすく、煮上がりが早いので昆布巻きや佃煮に使われます。

＜こんぶ土居さんのこと＞

大阪の空堀商店街にある土居さんは、テレビなどでもよく見かける名店です。漁期には現場に赴いて昆布漁を手伝い、昆布生産に携わる方を店に招いてお客さまとの接点を作り、安定して仕入れを続けるなど、食文化を支える活動をされています。今、日本の天然昆布は漁獲量が激減し危機的な状況にありますが、そういった中で、来年のために、再来年のために土居さんは地道な活動を続けておられます。楽しいだし教室も開催されていて、若旦那の昆布や海苔についてのお話はとても勉強になります。HPにはFAX注文の案内もあります。

■大阪市中央区谷町 7-6-38
■ 06-6761-3914
☞ http://www.konbudoi.info

小麦の話

だしやうどんの新作はまず妻に試食してもらいます。なかなか手厳しくて頼りになるのです。先日、新しいレシピの試食をしてもらったら「このおつゆ、おいしぃー。さすがやなぁ」と褒められました。珍しく一発ＯＫをもらって喜んでいたら、「ん！だしもおいしいけど、うどんそのものがおいしい！やっぱりお義父さんのうどんはほんとうにおいしい」と言い出しました。「だしの試食やのにうどんを褒めてどうするねん」と文句を言いつつ、一口すすってなるほどと思いました。だしとうどん、両方がおいしいと最後まで食べ飽きずに楽しめます。

では、うどんのおいしさって何なのでしょう。昔、ご縁があって、とある農産試験所さんから地元産小麦の食味評価を頼まれたことがありました。そこで、ワークショップのお客さまに協力していただいて、その地粉と、私が普段使っている木下製粉さんの粉のブラインドテストをしました。

うどんを打つ時には「いい香り！」と、地粉の人気が高かったのですが、出来上がったうどんの試食をしたらなぜか木下製粉さんの粉で打ったうどんの方が早くなくなりました。「みなさん、こっちの方がおいしかった？」と聞いてみたら十数人の方の中でお二人が「よく分からないけど、こっちの方が甘みがある気がした」と教えてくれました。

他の方もそれを聞いてうなずいていたので、みなさんも同じことを感じていたようです。炊き立てのごはんを甘いと感じるように、人間は穀物の甘みに敏感です。たぶん私たちの体を作る栄養があるというサインなのでしょう。

やっぱり、うどんのおいしさは小麦の甘みなんだと実感しました。

<木下製粉さんのこと>

小麦は自然の恵みなので、天候によって毎年、品質が大きく左右されます。また、品種のはやり廃りなどもあるでしょうから、生産者の方がずっと同じタイプの小麦を作るわけではないと思います。製粉会社は、そういったさまざまな条件の変化に対応しつつ、「もっとコシの強い粉を」、「もっとモチモチした仕上がりになるように」といったお客さまの要望に沿えるようお仕事をされています。研究熱心なうちの親父が、日本中のいろいろな製粉会社の小麦粉を取り寄せては試し、ほんとうにおいしいと思って選んだのが木下製粉さんの粉でした。木下製粉さんは食文化への理解が深く、製麺工場やうどん店の方が使う商品以外にも、初心者の方向けの“うどん粉お試しセット”を作られています。私のワークショップに参加される方にもおすすめしています。

■香川県坂出市高屋町 1086-1
■ 0877-47-0811
☞ https://www.flour.co.jp

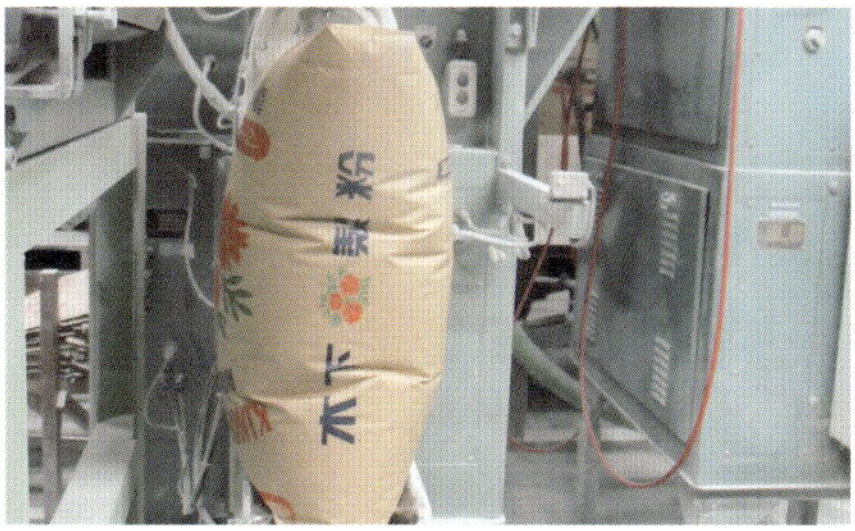

第③章 『うどんスケッチ』

ここからは、私が友人たちのイメージに合わせて考えたうどんです。20年ほど前から友人のイメージに合わせてうどんを作って遊んでいました。私が思い描くその人の印象を紙に書き出して、それを味や香りや食べ心地に置き換えて組み立てる。思いつきは良くても、食べておいしいというところにたどり着くまでには、なかなか仕上がりません。何度も失敗して試作を重ね、おいしく出来上がったらその人を訪ねて、一緒に食べる。ただそれだけの遊びです。

そんなことをしていたから、大阪の喫茶店 ソーイングテーブルコーヒーでの『うどん夜話』というイベントも行うようになりました。私や店主の玉井夫妻が好きな人、気になる人をゲストに招いて、その方のイメージのうどんをみんなで食べながらお話を伺っています。

そんなうどんが、ずいぶんたくさんになったので画家のマメイケダさんにこれまでに作ったうどんの絵を描いてほしいと頼みました。人物をスケッチしたうどんのスケッチ、それがここで紹介させていただくうどんの絵です。

遊びで作ったうどんなので、詳しい作り方は紹介していません。もし、お気に召したものがありましたら、この本のレシピパートを参考に、いろいろ試してみてください。

うどんスケッチ――その1

『エミちゃん』 SEWING TABLE COFFEE 玉井恵美子さん

大阪にソーイングテーブルコーヒーという喫茶店がある。広い草原に昭和の初めを思わせる古い農機具小屋が建っていて、そこがお店。名付け親は美術作家の永井宏さん。ここには老若男女、いろいろな職業の人が集まる。

エミちゃんはそこの副店長で、みんなの女神。ただ、この女神はなかなかのレディータイフーンで、次々と面白いことを考えついてはみんなを巻き込む。大変だけど、そのどれもが楽しくて心に深く残っている。人として大切なことを教えてくれる友人。家族みたいな人。

◉レシピのヒント 温 あんかけ

かけつゆで大根を炊いて、やわらかくなったら真ん丸にくりぬく。きつね用のお揚げさんを丼の底に忍ばせ、あんかけうどんに仕立て、くりぬいた大根を浮かべる。

《玉金》

コロコロと楽しい心を真ん丸にくりぬいた大根で。まとっている金色のオーラはきれいなあんかけのだしで表してみた。接する人の全部を受け止める優しさと親しみやすさは器の底に隠した甘辛いお揚げさんで。あんかけのとろみ具合がけっこう難しかった。

うどんスケッチ——その2

『タマケン』 SEWING TABLE COFFEE 玉井健二さん

ソーイングテーブルコーヒー店主。音楽仲間、旅仲間。弟みたいな人。一緒に音楽の師匠レーレーさんからウクレレやギターを教えてもらい、音楽を楽しんできた。もともと服が好きでカッコいいやつだと思っていたけど、永井宏さんからのアドバイスで1年間、毎日1艘、舟のオブジェを作り続け、造形作家としても活動するようになった。

今では大阪、奈良はもとより、大分、鎌倉、沖縄、北海道、日本中で個展を開催し、遠くロシアでの展示会にも参加している。タマケンの舟は静かに美しい。

◉レシピのヒント　冷　つけつゆ

ベーコンとカラフルな野菜、ひじきをめんつゆで炒め煮にする。ぶっかけうどんにのせて半熟卵と細長いごぼうの煮付けをトッピング。

《玉黒》

いつもギターを弾いているからギターのうどんにした。サウンドホールはひじきの黒と半熟卵の黄色で、弦は長い長いごぼうの煮付け。めんつゆはタマケンらしく男っぽいあごだし。ビジュアル的にはあんまり再現できていないけど地味にうまい。

うどんスケッチ——その3

『なおみちゃん』

テキスタイルデザイナー・画家 伊藤尚美さん

世界中にファンを持つテキスタイルデザイナー・画家。

その美しい色彩と図柄は心深くに届くメッセージとなって言葉の壁を軽々と越えてしまう。デザインや描画の才能、作品を徹底的に作り込む気が遠くなるような作業量、優秀なスタッフの方たちとの良いチームワーク、どれもすごいけど、特別なのは彼女の心のエンジンが規格外にでっかいこと。

そのでっかいエンジンから愛や感謝がドウドウと音を立てあふれ出している。

◉レシピのヒント　冷　かけつゆ

いつもより強めに昆布とかつお節をきかせてかけつゆを作る。うどんを冷水でしめて器に盛り込み、青じそと梅干しをのせ、冷やしたつゆを注ぐ。かつお節は本枯節を使う。

《梅の冷やかけ》

なおみちゃんのアトリエから眺める田園風景に映えるうどんにしたかった。ゆで上がったうどんのつやつやした白と梅干しの深みのある赤、青じその鮮やかな緑。シンプルだけど単純ではない美しい色。良い昆布とかつお節でしっかりとった力強いだしを梅干しの酸味が優しく抑えてくれる。

うどんスケッチ――その4

『永井さん』美術作家 永井宏さん

「誰にでも表現はできる。ぼくたちの暮らしそのものが、ひとつの表現になる」。おじさんはいつもそう語っていた。詩を書き、絵を描き、オブジェを作り、写真を撮り、音楽を奏で、その全てを楽しんでいた。暮らしの中から芸術を生み出すことを若い人たちに教えていた。

下町のエロ親父のふりを楽しんでいたけど、おじさんの作品ははリリカルで美しく、若い人たちを育てようという責任感と情熱にあふれていた。亡くなって8年たつが今も教え子たちは永井さんの提唱したネオ・フォークロアを実践している。

◉レシピのヒント

冷

かけつゆ

あじの干物をしっかり焼いて不要な脂をキッチンペーパーで取る。それを昆布と一緒に煮出して仕上げにかつお節で香りをのせる。塩とカエシで調味して冷やかけ仕立てにし、別皿に千切りの青じそ、みょうが、白ごまとすだちを添える。

《海風》

永井さんのことを考えて最初に浮かんだのは気持ちのいい海岸の風景と吹き過ぎてゆく海風。でも、ご本人はそんなに爽やかではなくて、けっこう下町的なところがあった。ということで、あじの干物でだしをとってかけつゆにし、香り高い青じそやみょうがの千切りを海風に見立てた。

うどんスケッチ――その5

『アージーと泉ちゃん』イトヘン 鰺坂兼充さん、泉さん

鰺坂夫妻は大阪でスカイというデザインオフィスとイトヘンというギャラリーを営んでいて、アートを志す若い作家さんたちを応援し続けている。

その中からたくさんの画家や美術作家の人たちが世に出ていった。このうどんスケッチの絵を描いてくれたマメイケダさんもそう。

場所をつくり、人をつくり、出会いを生み続ける二人。

◉レシピのヒント　冷　かけつゆ　清湯スープ

清湯スープにかつお節で香りをのせ、かけつゆ風に調味する。冷水でしめたうどんにセロリとにんじんのきんぴらをトッピングし、スープを注いでかぼすの輪切りを浮かべる。

《かぼすの清湯うどん》

二人が営んできたイトヘンは若い作家さんたちにとって大切な栄養みたいなものだから滋味豊かな鶏の清湯スープのうどんにしてみた。つゆをそのまま飲むと優しいうま味が口いっぱいに広がるが、かぼすをしぼると少し軽快な感じになる。

うどんスケッチ――その6

『ミロコちゃん』 画家・絵本作家 ミロコマチコさん

今や世界を舞台に活躍するミロコマチコさんだが、まだ世に出る前から志の高い人だった。大阪を離れ東京で絵本作家への道を探す覚悟を決めた時のこと。二人でうどんを食べていたら、「ノブさん、私 東京に行くんです。東京に行ってすごい頑張ります。めちゃめちゃ頑張ります。頑張って有名になって、いっぱいお客さんを連れて、イトヘンに帰って来ます。私は鯵坂さんやみんなにたくさんお世話になっています。だから今度は私がいっぱいお客さんを連れて帰って来ます」と目を輝かせ語ってくれた。胸が熱くなった。

◉レシピのヒント 温

焼きうどんを作って、ケチャップとナンプラーで味を決める。香菜、青じそ、ミントを手でちぎってトッピングする。

《ベトナム風ナポリタン》

ミロコちゃんの夜話で出すうどんを考えていた時、あ、高山さんのあのレシピがいい！ と思った。大好きな料理研究家・絵本作家 高山なおみさんのレシピ『ベトナム風ナポリタン』。トマトケチャップの甘くて強いうま味とナンプラーが出合って生まれる味の広がりや香菜、青じそ、ミントと何層にも重なった香りのハーモニーに、ミロコちゃんの描くジャングルの奥行きと通じるものを感じたから。スパゲッティのレシピを焼きうどんにアレンジするのに少し工夫した。

うどんスケッチ――その7

『咲ちゃん』 パティシエ 藤澤咲子さん

咲子さんはパティシエ。十数年前からのお付き合いで、もう50回以上、一緒にワークショップやイベントを続けてきた。作る和菓子のかわいらしさや、接客時の穏やかな笑顔からみんなは彼女のことを優しい人だと思っているが、意外にきっぱりとオトコマエ。仕事が忙しくてもお休みの日には家族や友達のためにお菓子を作り、ジャムを煮る。人のために自分ができることをちゃんと分かっていて、誰よりも身近な人たちを幸せにするために手を動かしている。咲子さんのジャムが冷蔵庫にあると安心する。

◉レシピのヒント　冷　トマトつゆ

トマトと昆布、かつお節でトマトつゆを作ってそこに湯むきしたトマトを一晩漬けておく。器にうどんを盛り込み、漬けトマトをのせて、漬けていたつゆをかける。仕上げに青ゆずを削って散りばめる。

《夏のいろ》

小麦色。くしゃっとした笑顔。夏の人だから見た目も夏らしい冷やかけうどん。トマトつゆに漬けた味の濃いトマトをオクラとろろと合わせた。アクセントは削った青ゆずと黒こしょう。さっぱりとおいしくて元気が出るうどん。

うどんスケッチ――その8

『石村さん』くるみの木 石村由起子さん

石村さんは奈良の雑貨店くるみの木のオーナー。雑貨店、レストラン、オーベルジュを経営し、奈良県の地域活性化にも熱心に取り組まれている。くるみの木、秋篠の森、鹿の舟、ときのもり。お庭を守る方、接客をする方、お料理を作る方、石村さんと一緒に働くスタッフのみなさんは笑顔とホスピタリティがすごい。何度かイベントをさせていただいたが、いつでも身の引きしまる思いがする。

◉レシピのヒント

温

かけつゆ

干し貝柱と昆布でだしをとり、かつお節で香りをのせて、かけつゆを仕上げる。うどんを盛り込み、つゆを注いで、おぼろ昆布を浮かべ塩漬けの桜をトッピングする。

《春待ちうどん》

まだ日本では雑貨店という業態が広く認められていなかった頃からくるみの木を育ててこられた。大変だったろうな、霧の中で夢を追うようなものだなと思った。そこで霧をおぼろ昆布で、いつかやって来る春を待つ気持ちを塩漬けの桜の花で表した。滋味深さと強さは昆布と干し貝柱のだし。グレーの昆布に淡い桜色。塩漬けの桜の香りが気品を与えてくれた。

うどんスケッチ――その9

『哲ちゃん、桃ちゃん』大谷製陶所 大谷哲也さん、桃子さん

今や海外でも大人気の大谷製陶所。こんなに広く受け入れられるのは、料理を作り、コーヒーを淹れ、家族で食卓を囲む、そんな自分たちの毎日の暮らしを充実させ、その中から生まれる形を大切にしてきたからだと思う。10年前、初めてお邪魔した頃は幼かった3人の娘さんもすっかり大きくなった。1番上のお姉さんはもうすぐ大学生で一人暮らしを始める。一人暮らしは楽しみだけどお母さんのごはんが食べられないのはいやだから料理を教えてほしいと言ったらしい。忙しくても家族で囲む食事を大切にしてきた大谷家ならではのエピソード。

◉レシピのヒント　温　かけつゆ

だしにもカエシにも手を抜かず、おいしいかけつゆを作る。青ねぎをかけつゆでさっと洗い、千切りのゆず皮と合わせてトッピングに。

《素うどん》

大谷夫妻とは何度か「器とうどん」というイベントをしている。初めて一緒にした時、哲ちゃんの美しい白い器に似合ううどんをいろいろ考えて試作したが、結局、素うどんが一番ぴったりくるなと二人で納得した。

うどんスケッチ——その10

『善行さん、のばらさん』陶芸家 清水善行さん、のばらさん

二人は京都府唯一の村、南山城村で暮らしている。善行さんは陶芸家で、のばらさんは善行さんの作品や暮らしの道具を扱うギャラリーを営んでいる。

善行さんは楽しみながらなんでも自分の手で作り出す。穴窯自作もすごいけど、自分で山から木を伐り出し、薪を割り、釉薬も韓国の古窯の遺跡を訪ねて再現したりする。一見こわもてだが優しくて少年みたいな人。のばらさんはやんちゃな善行さんを見守る聖母。心遣いがさりげなくてカッコいいがどこか少女のようでもある。

◉レシピのヒント　温　かけつゆ　清湯スープ

清湯スープにかつお節で香りをのせ、かけつゆ風に調味する。粗くさいの目に切った季節の野菜を炒めて加える。野菜のうま味がしみ出すように少し煮て出来上がり。ごはんにかけてトマトや青じそをトッピングする。

《清湯スープごはん》

伊藤尚美さんのご縁で、子どもとお母さんが楽しめるワークショップをしてほしいと連絡をいただいたのが初めての出会い。打ち合わせでお目にかかったお二人に、人を優しく包み込むようなおおらかさを感じ、南山城という土地の力強さも感じたので、体にしみわたる清湯と野菜のうま味を楽しむ、このレシピを考えた。

うどんスケッチ——その11

『ヒデちゃん、トモちゃん』OKAZ DESIGN 吉岡秀治さん、知子さん

東京と岡山に拠点を構えるデザインとケータリング、フードコーディネーションのユニット。食材の生産者の方々や暮らしの道具を作る友人たちと深くつながって活動をしている。十数年前、友人宅で開催したワークショップで一緒にうどんを打って以来の友人。

今は食を軸に暮らし全体に関わる提案をする人も多いが、彼らほど真っすぐに食べることの意味を考えている人は少ない。命を育むこと、いただくことの意味を言葉ではなく料理で感じさせてくれる。彼らの作る食べ物は力強くて美しい。

◉レシピのヒント

温

つけつゆ

昆布、干ししいたけと節類でだしをとり、つけつゆを作る。豚ばら肉と白ねぎにしっかり焼き目をつけて、つけつゆで軽く煮る。冷たくきりっとしめたうどんを熱々のつゆでいただく。

《豚ねぎうどん》

わが家の定番うどん。シンプルなだけにごまかしがきかない。きちんととっただし、しっかりと寝かせたカエシ、香ばしく焼き目をつけた豚肉と白ねぎ。これを作るたびにオカズデザインの二人を思い出す。

うどんスケッチ――その⑫

『ミニちゃん』nowaki 菊池美奈さん

京都は三条大橋の近くで、絵本と日本に古くからある手仕事の道具を扱うお店『nowaki』を営んでいる。大人も子どもも喜ぶ魅力的な絵本がセレクトされていて、京都に行くときに立ち寄るのが楽しみなお店。絵本の原画展も頻繁に開催していて、絵本を作る作家と作品の魅力を丁寧に伝えてくれる。

明るくてパワフルなミニちゃん。みんながミニちゃんと呼ぶから、それが名前だと思っていたら、ほんとうは美奈さん。見た目が小さくてかわいいからミニちゃんだった。

◉レシピのヒント 冷 ごまつゆ

つけつゆにねりごまと白みそ、赤みそ、マヨネーズ、りんご果汁を加えて、こっくりと深いうま味のごまつゆを作る。白ねぎ、しいたけと豚ひき肉を甘辛く炒り煮にした肉みそをのせて、糸唐辛子をトッピング。

《ごまつゆ肉みそ》

ミニちゃんは京都だから、“あんかけ”的なうどんがいいかなと思っていたけど、愛情深く熱く作家さんたちの話をしてくれるミニちゃんを思い出すうちに、もっと濃いイメージが似合う気がしてごまつゆにした。

うどんスケッチ──その13

『レニーさん、チエちゃん』

パーカッショニスト　レニー カストロさん、チエさん

レニーさんは学生の頃から憧れていたパーカッショニスト。世界中の著名なミュージシャンに愛されている。たまたまイトヘンで知り合ったライターさんに「姉がアメリカ人の旦那に、ほんまもんのきつねうどんのおいしさを教えたいと言ってるんですけど」と頼まれた。その旦那さんがレニーさんとは知らず、軽い気持ちで引き受けたら、実はあのレニーカストロさんと分かり、びっくりして腰を抜かした。

レニーさんは大きな船のようにおおらかで優しい人、奥さまのチエちゃんはとてつもなく明るくてみんなを元気にする人。二人ともきつねうどんが大好き。

◉レシピのヒント　温　かけつゆ　お揚げさん

基本のだしをとって、お揚げさんを炊く。一緒に炊いた昆布がトロトロになって、それもごちそうになる。

《きつねうどん》

難しいからと敬遠してきたきつねうどんを真面目に試作したのが懐かしい。食べてくれたレニーさんが「コンナノタベタラ、ホカノキツネウドン ガ タベラレナイヨ」と褒めてくれたなあ。憧れの人に喜んでもらえてうれしかった。あれからすっかり定番レシピになった。

おわりに

不思議ですね。若い頃、人生は自分で切り拓くものだと思っていました。でも、実際には、ある日突然やって来た何かに振り回されながら夢中で向き合っているうちに、気が付いたら何かを手にしていたりします。むしろそんなことの方が多いのかもしれません。うどんのおかげで、自分は少し変わったなと思います。

海辺の丘の上。カウンターに数人座ればいっぱいになるような小さな店。若い作家が描いたと思われる小さな絵が何点か飾られた簡素な店内。壁にもテーブルにもお品書きはない。厨房では大鍋に湯がたっぷり沸いていて、冷蔵庫には丁寧に仕込んだだしやおいしく炊き上がったお揚げさんがストックしてある。噂を聞きつけた人がやって来ると、黙ってその日のうどんを作って出す。うどんを召し上がったお客さまは一息ついて少し元気が出て帰って行かれる。たいていは暇で、海を眺めながら誰かがやって来るのを待っている。

それが今の私の夢です。

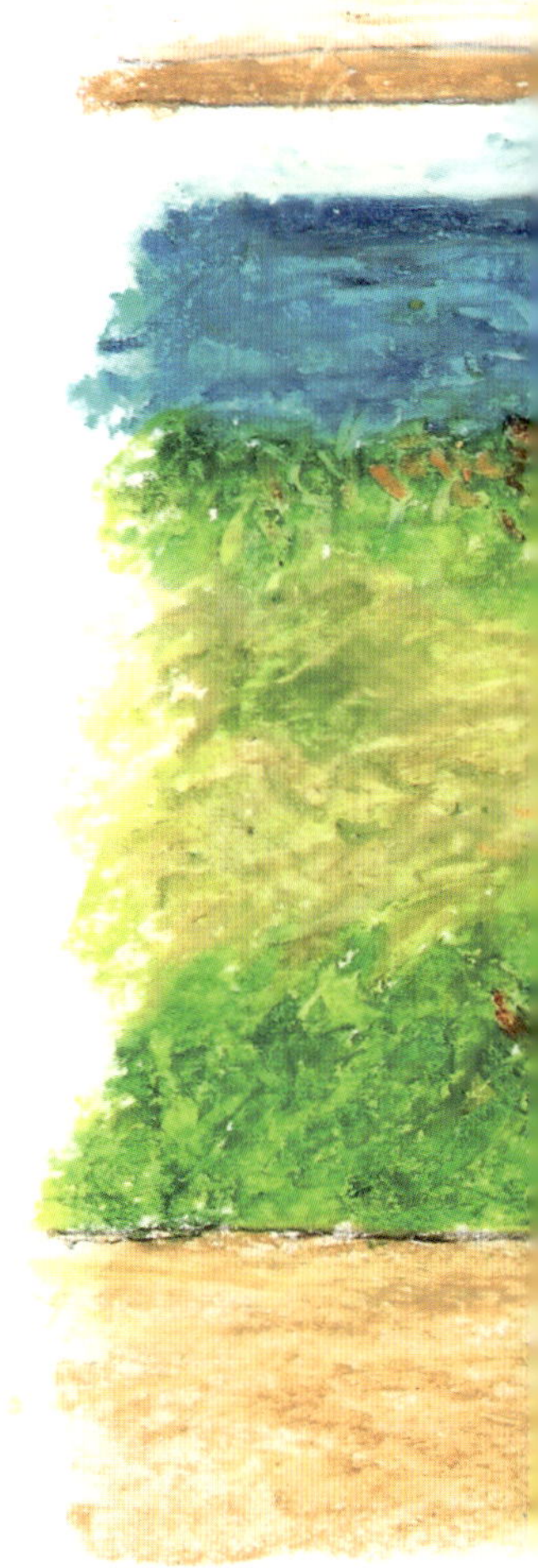

一井 伸行

Ichii Nobuyuki

１９５８年大阪府生まれ。奈良県在住。文房具メーカーで働く会社員。学生時代に父が営んでいたうどん屋を手伝うことになり、うどん打ちやだしのとり方を身につける。２００４年からは仕事の傍ら「ＮＯＢＵうどん」という、うどん打ちやだしをとるワークショップを開催するようになった。特別な技術などなくても少し手をかけて体が喜ぶおいしいものを作れたら、自分の大切な人たちを幸せにできると考えている。趣味は音楽とフライフィッシング。ウクレレやマンドリンを弾く。

Special thanks to

skky, iTohen 代表　鯵坂 兼充さん
BOOKLORE 代表 中島 恵雄さん
マメイケダさん
一井 由美さん
一井 宏さん・シズ子さん、柏本 紋子さん
玉井 健二さん・恵美子さん
藤澤 咲子さん
小林 佳代子さん、山口 葉子さん

ノブうどん帖

二〇一九年二月九日　初版第一刷発行

文とレシピ　一井伸行
絵　マメイケダ
編集　中島恵雄
装丁　鯵坂兼充
制作　有限会社スカイ
http://skky.info
印刷・製本　ネオライト工業株式会社
発行所　ブックロア
〒五六九―〇〇〇二
大阪府高槻市東上牧二―三十三―十五
〇七二―六六九―二四〇六
http://booklorebooks.net

ISBN 978-4-9903667-9-7 C0077